Jan C. Friedemann

Aktiv verkaufen im Buchhandel

Jan C. Friedemann

Aktiv verkaufen im Buchhandel

Bibliografische Information Der Deutschen Bibliothek
Die Deutsche Bibliothek verzeichnet diese Publikation in der Deutschen
Nationalbibliografie; detaillierte bibliografische Daten sind im Internet über
<http://dnb.ddb.de> abrufbar.

1. Auflage Juli 2006

Alle Rechte vorbehalten
© Betriebswirtschaftlicher Verlag Dr. Th. Gabler | GWV Fachverlage GmbH,
Wiesbaden 2006

Lektorat: Manuela Eckstein

Der Gabler Verlag ist ein Unternehmen von Springer Science+Business Media.
www.gabler.de

Das Werk einschließlich aller seiner Teile ist urheberrechtlich geschützt. Jede Verwertung außerhalb der engen Grenzen des Urheberrechtsgesetzes ist ohne Zustimmung des Verlags unzulässig und strafbar. Das gilt insbesondere für Vervielfältigungen, Übersetzungen Mikroverfilmungen und die Einspeicherung und Verarbeitung in elektronischen Systemen.

Die Wiedergabe von Gebrauchsnamen, Handelsnamen, Warenbezeichnungen usw. in diesem Werk berechtigt auch ohne besondere Kennzeichnung nicht zu der Annahme dass solche Namen im Sinne der Warenzeichen- und Markenschutz-Gesetzgebung al frei zu betrachten wären und daher von jedermann benutzt werden dürften.

Umschlaggestaltung: Nina Faber de.sign, Wiesbaden
Satz: ITS Text und Satz Anne Fuchs, Pfofeld-Langlau
Druck und buchbinderische Verarbeitung: Wilhelm & Adam, Heusenstamm
Gedruckt auf säurefreiem und chlorfrei gebleichtem Papier
Printed in Germany

ISBN 978-3-8349-0304-4

Bücher zu schreiben ist leicht,
es verlangt nur Feder und Tinte
und das geduld'ge Papier.
Bücher zu drucken ist schon schwerer;
weil oft das Genie sich erfreut unleserlicher
Handschrift.
Bücher zu lesen ist noch schwerer
von wegen des Schlafs.
Aber das schwierigste Werk,
das ein sterblicher Mann
bei den Deutschen auszuführen vermag,
ist zu verkaufen ein Buch.

Felix Dahn (1834–1912, deutscher Schriftsteller)

Liebe Geschäftsfreunde im Sortiment,

mit einem solch überwältigenden Erfolg auf unserem Blitzseminar während der Frankfurter Buchmesse 2005 hatten wir nicht gerechnet. Aber nachdem viele Teilnehmer um ein Skript gebeten haben, ist uns die Entscheidung, ein Special zum Thema „Aktiv verkaufen im Buchhandel" herauszubringen, leicht gefallen.

Wir als Verlag möchten Ihnen und Ihren Mitarbeitern Expertentipps und konkrete Hilfen an die Hand geben, damit Sie Ihre anspruchsvollen Aufgaben und wachsenden Anforderungen im Buchhandel noch erfolgreicher bewältigen. Darüber hinaus haben wir einige Hinweise zusammengestellt, die Ihnen und uns die Zusammenarbeit erleichtern sollen.

Wir wünschen Ihnen nicht nur sehr viel Freude bei der Lektüre, sondern nach der Umsetzung der hier vorgestellten Ideen und Vorschläge auch einen deutlich messbaren Umsatzschub.

Wiesbaden, im Juni 2006

Dr. Heinz Weinheimer   Gabriel Göttlinger
Verlagsleiter   Leitung Gesamtvertrieb

„Eine Investition in Wissen bringt immer noch die besten Zinsen."

Benjamin Franklin (1706 – 1790)
Nordamerikanischer Politiker und Wissenschaftler

Das Gabler Wirtschaftslexikon lässt keine Fragen offen.
Jetzt auch als Taschenbuch!

CLASSIC EDITION
- 16., vollständig überarbeitete und aktualisierte Auflage 2004
- 3.478 Seiten, Gebunden, 4 Bände
- EUR (D) 179,00/CHF 283,00/EUR (A) 184,10
- ISBN 3-409-12993-6

TASCHENBUCHAUSGABE
- 16., vollständig überarbeitete und aktualisierte Auflage 2005
- 3.484 Seiten, Softcover, 8 Bände
- EUR (D) 89,00/CHF 146,00/EUR (A) 91,50
- ISBN 3-409-10386-4

Änderungen vorbehalten.
Gabler Verlag, Abraham-Lincoln-Straße 46, 65189 Wiesbaden, Telefon 06 11/78 78-6 26, Fax 06 11/78 78-4 20, www.gabler.de

Inhalt

Vorwort 7

1. **Aktiv verkaufen** 11
   - Was heißt „aktiv" verkaufen? 13
   - Passiv verkaufen hat eine lange Tradition ... 14
   - Was bedeutet aktiv verkaufen für Sie konkret? 16

2. **Kundenführung** 21
   - Wie begrüßen Sie Ihre Kunden? 23
   - So bauen Sie Vertrauen auf 25
   - Denken Sie an Beratungs- und Zusatzverkauf 29
   - Präsentieren Sie sich als ehrlicher Ratgeber . 31
   - Wie Sie mit Fragen Gespräche führen 33
   - Der Kunde hat (fast) immer Recht 37
   - Eine Prise Dialektik kann nicht schaden 39
   - So identifizieren Sie Ihre Kunden systematisch 46
   - Was niemals fehlen darf: die Verabschiedung 48

3. **Die Gestaltung des Umfelds** 51
   - Machen Sie es Ihrem Kunden angenehm 53
   - Lassen Sie das Schaufenster mit Schwerpunkten zum Blickfang werden 55
   - Generieren Sie Umsätze mit Zweitplatzierungen 57

4. **Sondermaßnahmen** 61
   - Organisieren Sie Lesungen und Hörbuch-Präsentationen 63
   - Was Sie tun können, damit Ihre Werbebriefe „ankommen" 72
   - Schaffen Sie Mehrumsatz durch eine „Filiale" im Internet 76

- Betreiben Sie Netzwerkakquisition 78
- Entwickeln Sie einen Informations-Service für Kunden 79
- Betreiben Sie das Firmenkundengeschäft aktiv 81

5. Zum Schluss 87

In eigener Sache 93
- Wichtige Anschriften und Internet-Adressen (Auswahl) 95
- Was Ihnen und uns die Zusammenarbeit erleichtert 98
- Unsere Auslieferungen 101
- Kurzporträts unserer Verlage 104
- So erreichen Sie uns 110

Der Autor 111

1. Aktiv verkaufen

Was heißt aktiv verkaufen?

Die folgende Szene kennen Sie alle aus dem Alltag im Buchhandel:

> *Ein Vertriebsleiter, der eine nationale Verkaufsorganisation mit 35 Außendienstmitarbeitern entwickelt hat, will seine Groß- und Schlüsselkunden besonders betreut wissen. Darum hat er sich in vielen Gesprächen informiert und sucht nun das Buch „Key Account Management erfolgreich planen und umsetzen". Höflich und korrekt wird ihm in der Buchhandlung ein Exemplar ausgehändigt, er bezahlt und verlässt das Geschäft.*

Dieser Kunde hat sich das Buch bereits selbst verkauft, wenn er in der Buchhandlung auftaucht. Der Buchhandel nimmt in der hier geschilderten Szene nur eine Auslieferfunktion wahr, verzichtet ungewollt auf aktiven Verkauf und damit auf Mehrumsatz. Das ist sehr schade, denn der Verkaufsleiter aus dem obigen Beispiel kennt die Neuerscheinung „200 Tipps für Verkäufer im Außendienst" noch nicht. Mit diesem Buch könnten seine 35 Außendienstmitarbeiter ihren Verkaufserfolg sehr schnell nachhaltig steigern.

Passiv verkaufen hat eine lange Tradition

Zunächst einmal sind Kunden mobil, Buchhandlungen sind dagegen stationär. Deshalb kommen Kunden in eine Buchhandlung. Der Buchhändler weiß, dass ein Mensch, der den Laden betritt, irgendein Buch kaufen will. Deshalb beschränkt er sich auf den Satz „Was kann ich für Sie tun?"

Aber es geht auch anders. Vergleichen Sie einmal das folgende Beispiel:

> *Ein Kunde, der sich in Ihrer Buchhandlung auskennt, betritt das Geschäft, eilt auf direktem Weg zum Angebot betriebswirtschaftlicher Fachliteratur und greift nach einem bestimmten Titel zum Thema Vertrieb. Sie gratulieren ihm zu seiner Wahl und fragen im Laufe des Gesprächs: „Wollen Sie einen neuen Vertrieb aufbauen oder eine bestehende Organisation optimieren?" Unabhängig von der Antwort präsentieren Sie nun ein weiteres Buch und erklären: „Dann wäre zusätzlich dieses Buch für Sie hoch interessant."*

Hier wird aktiv verkauft und zusätzliches Geschäft generiert.

Tradiert ist auch der räumlich-körperliche Abstand zwischen Verkäufern und Kunden. Früher waren lange Theken üblich, die Kunden und Verkaufsmitarbeiter voneinander trennten. Dies entstand auch durch die Dominanz der Anbieter, die in Zeiten des Mangels (die Nachfrage war größer als das Angebot) ihre Rolle als Bestimmungsfaktor voll ausspielten. Der Kunde war nur beiläufiger Anpassungsfaktor. Heute ist die Nachfrage kleiner als das

Angebot. Der Kunde ist Bestimmungsfaktor und der Verkäufer ist Anpassungsfaktor. Erfolgreiche Verkäufer legen heute großen Wert auf enge, persönliche Kontakte zu ihren Kunden.

Das gilt auch für den Buchhandel. Denn der steigende Wettbewerbsdruck, die kaum überschaubare Angebotsvielfalt der einzelnen Verlage, gestiegene Kosten sowie Kaufzurückhaltung bei Konsumenten und Unternehmen üben enormen Druck auf den einzelnen Buchhändler aus. Heute reicht es nicht mehr, die aktuellen Angebote zu präsentieren, es wird immer schwieriger, eine Buchhandlung wirtschaftlich erfolgreich zu führen.

Und jetzt die gute Nachricht: Mit aktivem Verkaufen können Sie dieser Situation wirkungsvoll begegnen!

Was bedeutet aktiv verkaufen für Sie konkret?

➤ Ihnen muss bewusst sein: Ich lebe vom Kunden. Wenn keine Kunden mehr kommen oder Kunden zu wenig kaufen, fließt auch kein Geld oder zu wenig Geld. Der Umsatz mit Kunden sichert die eigene Existenz.

➤ Sie müssen visuell wahrnehmbar anbieten, was Sie verkaufen wollen. Das beginnt mit der Schaufensterdekoration, führt über die Buchplatzierungen in den Verkaufsräumen und endet im Kundengespräch. Die positive Wahrnehmung des Kunden ist Ihr Verbündeter. Dazu gehört selbstverständlich, dass der Kunde in Ihrer Buchhandlung Gelegenheit hat, die angebotenen Titel visuell und haptisch wahrzunehmen und sich in sie zu vertiefen.

➤ Ihr Ziel muss es sein, mit jedem bestehenden und potenziellen Kunden vertrauensvolle persönliche Kontakte zu entwickeln und diese zu pflegen. Dabei ist es sehr wichtig, dass diese Kunden den Eindruck haben, von Ihnen als wertvoll und sympathisch erlebt zu werden. Menschen suchen Akzeptanz durch andere.

➤ Es gilt, nicht nur Kundenwünsche zu erfüllen, sondern auch Kundenwünsche zu wecken. Darum sollten Sie die Interessen Ihrer bestehenden und potenziellen Kunden ermitteln und Bücher aktiv anbieten.

➤ Alle Mitarbeiter, die Umgang mit Kunden haben, sollten die Techniken moderner Überzeugungsarbeit kennen, müssen wissen, wie und warum man welche Fragearten einsetzt oder Thesen unwiderlegbar beweist – ohne Kunden zu verletzen oder herabzusetzen.

➤ Sie müssen ermitteln, wer Ihre Kunden sind und diese Kunden in Interessengruppen gliedern. Hier gibt es Techniken, mit deren Hilfe Sie die Namen und Anschriften erfahren. Wenn Sie diese Informationen haben, können Sie interessierte Kunden zu Lesungen und Präsentationen einladen und über Neuerscheinungen informieren.

Aktiv verkaufen heißt also:

Nicht warten, bis Kunden Wünsche entwickeln. Aktiv verkaufen heißt, ein vertrauensvolles Umfeld schaffen, aktiv informieren, die Interessenlagen der Kunden ermitteln, mit wirksamen verkaufspsychologischen und dialektischen Mitteln Kaufwünsche entwickeln und damit zielorientiert zusätzliche Umsätze tätigen.

✎ Unbedingt erledigen

Unbedingt erledigen

Für mehr Erfolg im Verkauf

In schwierigen Verkaufssituationen souverän agieren und reagieren

Dieses Buch zeigt Schritt für Schritt, wie Sie schwierige Verkaufssituationen rhetorisch und mental meistern. Sie erfahren, wie Sie Einwänden spielerisch und mit Witz begegnen, Ihre Reaktionsgeschwindigkeit steigern und Ihre Körpersprache gekonnt einsetzen. Die wichtigsten rhetorischen Techniken der Schlagfertigkeit werden an Beispielen erläutert und mit Übungen vertieft.

Aus dem Inhalt:
- Kernkompetenz und Persönlichkeit als Schlüsselfaktoren des rhetorischen Erfolgs
- Was ist Schlagfertigkeit?
- Mentale Grundlagen der Schlagfertigkeit
- Techniken der Schlagfertigkeit
- Übungen

Peter von Quernheim
Schlagfertig im Verkauf
So gewinnen Sie Sicherheit
in Ihren Verhandlungen
2005. 171 S. Br.
EUR 26,90
ISBN 3-409-14292-4

Änderungen vorbehalten. Stand: Juni 2006.

Gabler Verlag · Abraham-Lincoln-Str. 46 · 65189 Wiesbaden · www.gabler.de

2. Kundenführung

Wie begrüßen Sie Ihre Kunden?

Wenn ein Kunde Ihre Buchhandlung betritt, sollte er sofort den Eindruck vermittelt bekommen, dass er wahrgenommen wird. Ideal für diese Aufgabe wären Empfangschefs, wie man sie beispielsweise in exklusiven Bekleidungshäusern erlebt. Sie begrüßen eintreffende Kunden beispielsweise so: „Einen schönen guten Tag. Bitte schauen Sie sich schon mal um. Es wird Ihnen gleich jemand mit Rat und Tat zur Seite stehen!" Dann erfolgt die Information an einen Mitarbeiter, der gerade im Gespräch mit einem anderen Kunden ist. Diese Empfangschefs haben zumeist auch ein sicheres Gefühl für Spannungssituationen, die sich in den einzelnen Beratungsgesprächen ergeben können. Leider ist die Lösung „Empfangschef" auch eine recht teure Lösung und deshalb sehr oft nicht realisierbar.

Selbstverständlich kann auch der Geschäftsführer diese wichtige Funktion übernehmen, ebenso der Inhaber, Filialleiter oder Leiter einer Fachabteilung. Eine weitere Lösung: Ein besonders erfolgreicher Mitarbeiter, der zum Kundenbetreuer ernannt wird, steuert die gesamte Kundenführung.

Aber auch als „normaler" Mitarbeiter können Sie durchaus eintreffende Kunden begrüßen, auch dann, wenn Sie gerade im Gespräch mit einem anderen Kunden sind. Sie sagen dann ganz einfach: „Entschuldigen Sie, bitte!" Und dann zum neuen Kunden: „Guten Tag, bitte sehen Sie sich doch schon mal um. Ich bin gleich bei Ihnen!" Nach etwa drei bis vier Minuten zum bisherigen Gesprächspartner: „Ich glaube, dies könnte genau das sein, was Sie suchen. Bitte schauen Sie sich das in Ruhe an. Ich bin gleich wieder bei Ihnen." Ein bequemer Stuhl ist in dieser Situation sehr hilfreich. Dann widmen Sie sich dem neuen Kunden. Diese Vorgehensweise ist beschwerlich, in Stoßzeiten aber oft die einzige Möglichkeit.

Unter allen Umständen ist sicherzustellen, dass eintreffende Kunden begrüßt werden und erkennen, dass sie in Ihrer Buchhandlung willkommen sind. Das Gefühl, als bedeutungslose Nummer behandelt zu werden, ist für die meisten Menschen unerträglich. Ein Geschäft, in dem man als Kunde so behandelt wird, betritt man freiwillig nie wieder.

So bauen Sie Vertrauen auf

Vertrauen ist die Einstellung, einem anderen Menschen zu trauen, ihn charakterlich für zuverlässig zu halten und ihm deshalb zu glauben. Vertrauen ist nicht nur eine Meinung vom anderen Menschen, sondern ein mit ihm eingegangenes, persönliches Verhältnis.

Bewusst oder unbewusst suchen (potenzielle) Kunden nach Details, die ihnen über die Persönlichkeit des Verkäufers und die Verlässlichkeit des anbietenden Unternehmens Orientierung geben. Deshalb sollten Sie Merkmale unterdrücken, die Misstrauen erwecken, und Merkmale signalisieren, die erfahrungsgemäß Vertrauen schaffen. Vertrauen ist eine wichtige Voraussetzung für den erfolgreichen Verkauf.

Seit den 50er Jahren des 20. Jahrhunderts weisen Tests in den USA, in Russland, Deutschland, Kanada, Polen, Finnland und China (Hongkong) immer wieder dieselben Ergebnisse auf: Es sind fünf grundlegende Kriterien, die Menschen prüfen und anhand derer sie entscheiden, ob sie einem Menschen Vertrauen schenken oder nicht. In den USA entwickelten Psycho-Soziologen deshalb den Begriff „The Big Five". Daneben gibt es noch andere Kriterien, die aber als weniger bedeutsam gelten.

Wahrscheinlich haben die Menschen bereits in der Steinzeit damit begonnen, diese fünf Kriterien zu bewerten, wenn sie entscheiden mussten, wer als Wächter des Feuers über die erforderliche Zuverlässigkeit verfügte, wer wegen seiner Verträglichkeit in die Horde aufgenommen werden konnte – oder wer von emotionaler Stabilität geprägt war und deshalb die Horde nicht irrational in Gefahr bringen würde.

The Big Five

1. **Gewissenhaftigkeit:**
   Verlässlichkeit – Genauigkeit – Verantwortungsbewusstsein

2. **Verträglichkeit:**
   soziales Verhalten – Güte – Toleranz – Hinwendung – Mitgefühl – Streit vermeidend

3. **Emotionale Stabilität:**
   Beherrschung der Gefühle – vernünftiges Handeln – Berechenbarkeit

4. **Extraversion:**
   Kontaktfähigkeit, -willigkeit, Freude am Umgang mit anderen, auf andere zugehen

5. **Offenheit für das Neue:**
   neue, bessere Lösungen suchen

Wenn Sie diese „Big Five" signalisieren und glaubhaft machen, dass Sie diese Forderungen erfüllen, werden Ihnen Ihre Kunden sofort Vertrauen schenken und weitgehend Ihren Empfehlungen folgen.

Fünf wichtige Tipps, wie Sie Vertrauen aufbauen

1. **Diskussionssiege vermeiden:**

   Vermeiden Sie gefährliche Diskussionssiege. Menschen verlieren nicht gerne. Verzichten Sie deshalb auf Korrekturvermerke wie: „nein", „falsch", „hier irren Sie", „dabei haben Sie nicht bedacht". Besser: „Das nahm ich früher auch an." „Das sieht nur so aus. Tatsächlich ..." . Oder fragen Sie: „Warum nehmen Sie an, dass ...?". Versuchen Sie, gemeinsam mit dem Kunden zu realistischen und vernünftigen Lösungen zu kommen – ohne Gewinner und Verlierer.

2. **Selbstöffnung:**

   Nehmen Sie Ihren potenziellen Kunden die Schwellenangst. Öffnen Sie sich und geben Sie Hinweise auf Ihre Persönlichkeit, Ihr Wertegefüge, auf Ihr Denken und Fühlen. Aber Vorsicht: Selbstöffnung heißt nicht, andere mit ausschweifender Selbstdarstellung zu belästigen!

3. **Hinwendung:**

   Befriedigen Sie auf der Beziehungsebene „Hinwendung" das Akzeptanzbedürfnis (soziale Bedürfnisse) Ihrer Gesprächspartner. Hinwendung bedeutet, dass Sie den (potenziellen) Kunden und nicht Ihre Produkte in den Mittelpunkt des Geschehens stellen. Lassen Sie ihn erleben, dass Sie sich für ihn, seine Sorgen, Befürchtungen, Wünsche und Hoffnungen interessieren – und dass Sie bereit sind, ihm zu helfen.

4. Erscheinungsbild:

Richten Sie Ihr Erscheinungsbild auf die Wertenormen Ihrer Kunden aus. Menschen haben bestimmte Wertvorstellungen, die sich aus einer Mischung von genetischer Information, Eigensteuerung und Umwelt/Erziehung gebildet haben. Menschen, die über gleiche Wertvorstellungen verfügen, „gehören dazu", sind Freunde und erhalten einen Vertrauensvorschuss. Menschen mit anderen Wertestrukturen sind Fremde, oft auch Feinde – und erhalten darum einen Misstrauensvorschuss.

5. Blickkontakt halten:

Halten Sie Blickkontakt. Wer anderen nicht in die Augen sieht, erweckt den Eindruck, er habe etwas zu verbergen und wolle oder könne deshalb anderen nicht in die Augen sehen. Der Gesprächspartner, dem Sie keinen Blickkontakt bieten, wird deshalb Misstrauen gegen Sie entwickeln (die höchstzulässige Blickkontakt-Unterbrechung beträgt etwa drei Sekunden).

Denken Sie an Beratungs- und Zusatzverkauf

Gerade im Buchhandel hat Beratung eine große Bedeutung. Viele mögliche Kunden haben sich noch nicht auf ein bestimmtes Buch festgelegt. Sie erkennen das an den Kundenaussagen.

Beispiel:

"Ich suche da etwas für meinen Sohn zum Geburtstag. Er interessiert sich für historische Romane wie beispielsweise ‚Sinuhe, der Ägypter' von Mika Waltari." Einem erfahrenen Verkäufer wird es jetzt nicht schwer fallen, geeignete Bücher vorzulegen und zu erläutern. Hier kommt es zum Beratungsverkauf. Ein Zusatzverkauf entsteht, wenn der Verkäufer nach der Entscheidung für das angebotene Buch noch das Werk „Ich Claudius, Kaiser und Gott" mit dem Hinweis auf das nahende Weihnachtsfest vorlegt.

An dieser Stelle eine kritische Bemerkung: Aus Gesprächen mit vielen Kunden des Buchhandels wurde leider sehr deutlich: Kunden werden über Inhalte hervorragend informiert und gut beraten, doch die Verkaufsorientierung, wie man sie aus anderen Branchen kennt, ist nur schwach ausgeprägt. Deshalb bedarf es in vielen Buchhandlungen der schnellen, wirksamen und nachhaltigen Motivation der Mitarbeiter. Hierfür gibt es unterschiedliche Lösungsansätze.

So motivieren Sie Ihre Mitarbeiter zum aktiven Verkaufen

- Führen Sie Mitarbeitergespräche zur Ermittlung von Ursachen der Unzufriedenheit, der Zufriedenheit und zur Formulierung von Kritik und Anerkennung. Zielsetzung: Es muss allen Mitarbeitern bewusst werden, dass sie ihre persönlichen Ziele nur erreichen, wenn sie die gemeinsamen Ziele anstreben.

- Führen Sie Besprechungen durch, um gemeinsame Ziele zu vermitteln, Verbesserungsvorschläge zu erarbeiten sowie Lob und Anerkennung für herausragende Leistungen auszusprechen. Verzichten Sie auf Kritik einzelner Mitarbeiter.

- Lassen Sie Ihre Mitarbeiter durch Spezialisten verkäuferisch schulen.

Präsentieren Sie sich als ehrlicher Ratgeber

Viele Kunden unterstellen „landläufigen" Verkäufern – und damit auch dem Buchhändler –, dass sie nur ihren eigenen, egoistischen Verkaufsinteressen folgen, möglichst hohe Umsätze erzielen wollen und deshalb unehrlich beraten. Diese Erwartungshaltung gilt es aufzulösen. Treten Sie als ehrlicher Ratgeber auf! Zunächst sollten Sie die Bedarfsfelder Ihrer potenziellen Kunden exakt ermitteln und sie dann ehrlich beraten. Dies muss so weit gehen, dass Sie einem Kunden unter Umständen sogar von einem bestimmten Buchtitel abraten, wenn Sie zweifelsfrei erkennen, dass dem Kunden damit nicht gedient ist. Jeder Verkauf, der einem Kunden nichts nützt, schadet den Mitarbeitern und Ihrer Buchhandlung.

In den meisten Geschäftsprozessen geht es nicht um Augenblickserfolge. Es geht um langfristige, vertrauensvolle Zusammenarbeit. Deshalb ist es sehr gefährlich, wenn Kunden auf der Basis ungenauer oder unwahrer Aussagen Erwartungshaltungen entwickeln, die nicht erfüllbar sind und zu Enttäuschungen führen.

Zuhören können

Wer aktiv zuhören kann, erfährt sehr viel über den Kunden, seine Motivation, seine Beweggründe, seine Sachzwänge, Hoffnungen, Wünsche, Befürchtungen und Pläne. Darüber hinaus geben Sie durch aktives Zuhören Ihren Gesprächspartnern eine „Bühne" zur Selbstdarstellung und ermöglichen ihnen damit die Befriedigung eines sozialen Bedürfnisses.

Unterdrücken Sie den Antrieb zur geltungsbedürftigen Selbstdarstellung. Sie erhalten schneller und mehr wichtige Informationen über den Kunden, seine Wünsche und Sachzwänge, wenn Sie weniger reden (referieren, vortragen) und dafür konzentriert zuhören und nachfragen. Dabei haben Sie auch Gelegenheit, die nonverbalen Signale Ihrer Gesprächspartner zu beobachten und zu bewerten.

Kundenwünsche wecken

Der Kunde, der eine Buchhandlung betritt, bestimmt und selbstsicher sagt, was er will, hat bereits einen Wunsch entwickelt und ist dabei, sich diesen Wunsch zu erfüllen. Die meisten verkaufen ihm nun das gewünschte Werk und sind überzeugt, dass man einen Wunsch ja nicht entwickeln kann, wenn er bereits vorhanden ist. Dies stimmt aber nur bedingt und setzt voraus, dass ein Mensch nur auf die Erfüllung eines Wunsches fixiert ist.

Tatsächlich haben Menschen zumeist latent eine Vielzahl unterschiedlicher Wünsche gleichzeitig. Darum sollten Sie sich das gekaufte Werk sehr genau ansehen, mit dem Kunden ein Fachgespräch beginnen und weitere Wünsche entdecken und entwickeln – und schon entsteht der bereits besprochene Zusatzverkauf.

Verkauf erschöpft sich nicht in der Wunscherfüllung. Im Mittelpunkt des strukturierten Verkaufsgesprächs steht die Wunschweckung.

Wie Sie mit Fragen Gespräche führen

Im Beratungsgespräch halten Sie keine Vorträge und langweilen Sie Ihre Gesprächspartner nicht mit Referaten. Sie wollen Ihre Kunden und potenziellen Kunden über Interaktion in den Verkaufsprozess einbeziehen. Das ist die Zielsetzung der Fragetechnik. Ihre potenziellen Kunden sollen

- Ihnen die erforderlichen Informationen liefern, damit Sie ihren Bedarf, ihre Wünsche und Möglichkeiten erkennen können,

- Gemeinsamkeiten mit Ihnen entwickeln,

- Ihre Gesprächsstruktur annehmen, damit der dramaturgische Aufbau des Gesprächsprozesses zur Überzeugung Ihrer potenziellen Kunden führt,

- das Gefühl entwickeln, ein wichtiges und gutes Gespräch zu führen,

- erkennen lassen, ob sie Sie verstanden haben und ob sie Ihrer Gesprächsstruktur folgen.

Wenn Sie interessierte Fragen stellen, werden Ihre Kunden antworten. Die Zeit, in der das Recht zu fragen auf Überstellung beruhte und der Unterstellte nur die Pflicht zur Antwort hatte, sind schon lange Geschichte. Heute werden Fragen als Interesse oder als Bitte um Information verstanden.

Wer fragt, bestimmt die Gesprächsstruktur, weil er agiert. Wer antwortet, reagiert – und nimmt damit das Thema und die angebotene Struktur an. Deshalb sollten Sie Gespräche mit Fragen führen, damit Sie das angestrebte Gesprächsziel erreichen.

Fragen zu stellen allein genügt allerdings noch nicht. Sie müssen auch genau zuhören, aktiv zuhören, das heißt durch Nachfragen, Bestätigungen und Kommentare das Zuhören deutlich erkennbar machen.

Es gibt eine Vielzahl unterschiedlicher Fragekonstruktionen. Wir wollen uns hier auf drei Konstruktionen beschränken:

1. Mit offenen Fragen Interaktion entwickeln:

Offene Fragen sind Fragen, die man nicht mit „ja" oder „nein" beantworten kann. Sie werden auch als W-Fragen bezeichnet, weil sie fast immer mit einem „W" beginnen („wer", „was", „wann", „wo", „wie", „weshalb", „wieso", „warum", „weswegen", „womit").

Beispiele:
- *„Wie wollen Sie das Buch einsetzen?"*
- *„Welche fachlichen Inhalte suchen Sie?"*
- *„Wie alt ist Ihre Tochter?"*
- *„Welche Romane haben Ihre Frau bisher besonders interessiert?"*

Offene Fragen sind nicht simpel mit „ja" oder nein" zu beantworten. Sie zwingen zu ausführlichen Antworten und erfüllen eine Anzahl sehr unterschiedlicher Aufgaben. Deshalb sind sie im Verkauf besonders wichtig. Stellen Sie offene Fragen, wenn Sie Interaktion entwickeln wollen, Informationen oder Zeit zum Nachdenken brauchen. Ein weiterer Vorteil: Durch offene Fragen erhalten Sie wichtige Informationen, die Sie kaum durch die Beantwortung geschlossener Fragen erhalten können. Offene Fragen werden zumeist gern beantwortet, weil die befragten Menschen durch offene Fragen Gelegenheit zur Selbstdarstellung erhalten.

2. **Mit geschlossenen Fragen Entscheidungen herausfordern:**

   Geschlossene Fragen sind Fragen, die mit „ja" oder „nein" zu beantworten sind.

   Beispiele:
   - *„Sind dies die Inhalte, die Sie suchen?"*
   - *„Gefällt Ihnen die inhaltliche Struktur?"*
   - *„Bietet Ihnen dieses Buch die gewünschte Übersicht?"*

   Stellen Sie geschlossene Fragen, um Gesprächspartner zu Entscheidungen zu zwingen, die Art und Ausführung bestimmter Werke festzulegen und Missverständnisse auszuschließen.

3. **Mit Alternativfragen andere Möglichkeiten verdrängen:**

   Alternativfragen konzentrieren den Gesprächspartner auf Alternativen, also auf zwei Lösungen. Weitere, oft unerwünschte Lösungen werden kaum noch beachtet. Der Grund: Aus einer Alternative zu wählen erfordert viel weniger Aufwand, als nach einer weiteren Lösung zu suchen.

Beispiele:

> *„Also, Herr Kunde, haben Sie sich denn nun für die Marketing-Darstellung von Bruhn oder für die von Meffert entschieden?" Die Lösung, „Ich mag sie beide nicht" gerät in den Bewusstseinshintergrund.*

> *„Was gefällt Ihnen denn nun besser: hier die minutengenaue Chronologie der Spielabläufe oder die unglaublich dramatischen Fotos in diesem Buch?"*

Mit Alternativfragen engen Sie die Entscheidungsfreiheit ein. Stellen Sie Alternativfragen, wenn Sie eine bestimmte Kundenentscheidung ausschließen wollen – und bieten Sie in den Alternativfragen nur Lösungen an, die für Sie günstig sind. Damit erwecken Sie den Eindruck einer sorgfältigen Abwägung – und engen durch Verdrängung die Entscheidungsfreiheit Ihrer Gesprächspartner ein.

Der Kunde hat (fast) immer Recht

Wenn Sie genau hinhören, werden Sie entdecken, dass Menschen in privaten oder geschäftlichen Gesprächen ihre Gesprächspartner häufig verbal korrigieren. Sie arbeiten mit Korrekturvermerken, obgleich derartige Vermerke sachlich bedeutungslos sind, aber Menschen verletzen. Der Einsatz von Korrekturvermerken ist völlig unabhängig vom Alter oder Bildungsgrad.

Beispiel 1:

*Zwei vierjährige Kinder auf der Straße: „Komm, wir spielen mit meinem Ball!" Antwort: **„Du bist ja doof**, wir wollen lieber Rad fahren!" Die Kränkung „Du bist ja doof" ist sachlich überflüssig und nur verletzend.*

Beispiel 2:

*Zwei Vorstandsmitglieder in einer Besprechung: „Die Kostenentwicklung unserer Hauptlager in Spanien ist nicht mehr zu verantworten. Ich fürchte, wir müssen deshalb die Belieferung des spanischen Marktes einstellen." Antwort: „Lieber Herr Kollege, **hier irren Sie aber gewaltig!** Wir müssen unseren Absatz in Spanien um 15 Prozent steigern und können damit die Lagerkosten auffangen." Die Aussage „Hier irren Sie aber gewaltig" entspricht dem Korrekturvermerk des Vierjährigen „Du bist ja doof".*

Erfolgreiche Verkäufer arbeiten ohne Korrekturvermerke. Sie haben gelernt, dass ein Diskussionssieg über den Kunden zur Niederlage führt. Erfahrene Verkäufer bedienen sich der partiellen Zustimmung. Sie suchen sich aus der Kundenaussage einen Teilinhalt heraus, dem sie zustimmen können. Anschließend leiten sie auf die von ihnen gewünschte Lösung über.

Vermeiden Sie unter allen Umständen Konflikte mit Kunden, die sehr leicht entstehen, wenn sich der Kunde missachtet, herabgesetzt oder widerlegt fühlt. Streitgespräche, die den Gesprächspartner daran hindern, soziale Bedürfnisse zu befriedigen, führen nicht zum Erfolg. Korrekturvermerke sind sachlich wertlos. Deshalb können Sie darauf verzichten.

Beispiel:

Aussage: *„Ich denke häufig an das Unrecht während der Zeit des Nationalsozialismus. Deshalb habe ich eine Abneigung gegenüber der deutschen Geschichte."*

Antwort: *„Sicher, in der Zeit von 1933 bis 1945 ist in Deutschland viel Unrecht geschehen. Da haben Sie völlig Recht. Andererseits besteht natürlich die deutsche Geschichte nicht nur aus diesen 13 Jahren. Und in den vielen Jahrhunderten vorher ist in Deutschland auch viel Gutes geschehen. Sehen Sie, und hier geht es um ..."*

Eine Prise Dialektik kann nicht schaden

Die dialektische Beweisführung ist der Einsatz gesprächstechnischer Möglichkeiten, sie ist die Form und nicht der Inhalt der Gespräche. Die Inhalte müssen vor dem Einsatz der dialektischen Beweisführung definiert, abgegrenzt und gelernt sein. Sie müssen genau wissen oder ermitteln,

- was Ihr Kunde braucht (objektiver Bedarf),
- was Ihr Kunde will (subjektiver Bedarf),
- welches Buch Ihrem Kunden welchen Nutzen bietet,
- welches Buch über welche Qualifikation verfügt.

Erst wenn Sie die Fakten „sattelfest" beherrschen, sollten Sie die dialektische Beweisführung ansetzen.

Zu den Techniken der dialektischen Beweisführung zählen der Additionsbeweis, der Subtraktionsbeweis und Syllogismen.

Der Additionsbeweis

Wenn Sie einzelne Nutzenargumente in einem Gespräch anführen, kann es leicht passieren, dass Ihr Gesprächspartner die einzelnen Nutzen abwägt. Das heißt, dass Gesprächspartner den Nutzen akzeptieren, aber jeweils ein Negativum dagegen setzen.

Ein geschlossenes Nutzenpaket lässt separierte Nutzenabwägungen nur schwer zu. Der Gesamtnutzen (die Summe) wirkt überzeugend. Das folgende Beispiel verdeutlicht den Aufbau einer dialektischen Addition. Dieser Aufbau ist jederzeit auf alle Verkaufsprozesse umzusetzen, ganz gleich, um welche Produkte oder Dienstleistungen es sich handelt. Im Buchhandel muss die Summe immer lauten:

„Darum ist dies das richtige Werk für Sie!"

Sicherlich birgt bei allem Nutzen die Additionsmethode auch Gefahren. Wenn beispielsweise der Kunde einen Summanden nicht als Vorteil akzeptiert, müssen Sie die Addition sofort unterbrechen und zunächst diesen Einzelvorteil glaubhaft machen. Eine weitere Gefahr: Die Addition muss kurz sein, weil Sie sonst monologisieren.

Beispiel einer dialektischen Addition
Summand 1: „Hier im ersten Teil des Buches finden Sie die Kriterien zur Definition des Stellenprofils – und die Anforderungen, die an den Stellenbewerber gestellt werden müssen."
+
Summand 2: „Der zweite Teil befasst sich ausführlich und sehr umfangreich mit der professionellen Beurteilung der schriftlichen Stellenbewerbungen."
+
Summand 3: „Hier im drittel Teil erhalten Sie wertvolle Tipps und Hinweise zur Durchführung von Bewerbungsgesprächen."
=
Summe: „Deshalb ist dieses Werk genau das Buch, das Sie suchen und auch brauchen."

Nutzen Sie die dialektische Addition. Mit der Additionsmethode addieren Sie die unterschiedlichen Einzelnutzen zum „erschlagenden" Nutzenpaket. Damit entwickeln Sie eine für Sie zweckmäßige Assoziationskette. Sie vermeiden mit der Addition auch den permanenten „Schlagabtausch" Widerlegung kontra Argument.

Der Subtraktionsbeweis

Die Subtraktionsmethode wird zumeist nicht zu Beginn der Beweisführung eingesetzt. Sie ist überwiegend Reaktion auf das Kundenverhalten. Gegen Ende einer Beweisführung ist sie aber oft sehr wertvoll, wenn beispielsweise eine Addition oder positive Einzelbeweise nicht die gewünschte Wirkung zeigen.

Die Subtraktion soll die Nachteile bewusst machen, die der Kunde erleidet, wenn er ein bestimmtes Produkt oder eine Leistung *nicht* erhält.

Die Gefahr der Subtraktion sind mögliche Negativ-Assoziationen. Es kann passieren, dass Sie, Ihr Produkt und Ihre Buchhandlung emotional gemeinsam mit den Nachteilen erlebt, begriffen und in der Erinnerung miteinander verknüpft werden. Deshalb sollten Sie nach der abgeschlossenen Subtraktion die dargestellten Nachteile durch eine Wiederholung der positiven Nutzenargumente überlagern.

Beispiel einer dialektischen Subtraktion:	
Summe:	„Dieses Werk über nonverbale Kommunikation bietet Ihnen anschaulich das Wissen unserer Zeit." (Der Kunde nimmt nicht an: zu teuer!)
−	
Minuend:	„Selbstverständlich kann ich Ihnen auch ein Buch anbieten, das im Preis niedriger liegt. Allerdings müssten Sie dann auf die 140 Fotos verzichten, die alle Mimikphasen und Körperhaltungen exakt darstellen."
=	
Differenz:	„Aber ich kann mir nicht vorstellen, dass Sie darauf verzichten wollen."

Dieses Beispiel verdeutlicht die Wirkung der Subtraktion. Der Kunde erkennt, dass er einen gravierenden Nachteil erfährt, wenn er das teurere Buch nicht kauft. Und: Nachteile will man nicht „erleiden".

Syllogismen sind nicht zu widerlegen

Ein Syllogismus ist die logische, einzig mögliche Schlussfolgerung auf der Basis von Voraussetzungen. Im Altertum verstand man unter Syllogismus den Schluss vom Allgemeinen auf das Spezielle. Dabei bestand ein Syllogismus aus drei Teilen: dem Major, dem Minor und dem Medius.

Beispiel aus der griechischen Antike:
Major: „Alle Menschen sind sterblich."
|
Minor: „Sokrates ist ein Mensch."
|
Medius: „Also ist Sokrates sterblich."

Heute fassen wir den Begriff etwas weiter:

➤ Es muss nicht unbedingt der Schluss vom Allgemeinen auf das Spezielle sein.

➤ Ein Syllogismus kann auch aus mehr als drei Teilen bestehen.

Eine Behauptung steht im Raum – und verlangt, geglaubt zu werden. Ein Syllogismus hingegen ist eine erkennbare Wahrheit. Er beweist sich selbst in Logik. Wer zum 1. und 2. Satz „ja" gesagt hat, kann in logischer Ableitung zum 3. Satz nicht „nein" sagen.

Syllogistische Konstruktionen sind nicht einfach. Sie fallen uns kaum spontan im Kundengespräch ein. Prüfen Sie deshalb, welche Inhalte Sie bisher nur sehr schwer glaubhaft machen konnten – und formulieren Sie in einer ruhigen Stunde (auch abends oder am Wochenende) aus diesen Inhalten Syllogismen. Sie machen Ihre Argumentation unwiderlegbar, wenn Sie Ihre Thesen in Form von Syllogismen vortragen.

Beispiel für Syllogismus:	
Major:	„Sie wollen sich gesund ernähren und darum gefährliche Pestizide und schädigende Chemikalien vermeiden."
	I
Minor:	„Sie wissen aber nicht, was die E-Nummern auf den Nahrungsmittel-Verpackungen bedeuten – und wissen auch nicht, wie gefährlich die unterschiedlichen zugesetzten Chemikalien für welche Organe sind."
	I
Medius:	„Deshalb brauchen Sie diese Veröffentlichung, die Sie über die Nahrungsmittelzusätze informiert, die sich hinter den E-Nummern verbergen – und darüber, welche Substanzen für welche Organe besonders gefährlich sind."

So identifizieren Sie Ihre Kunden systematisch

Ein Kunde kauft seit Jahren in mehreren recht unterschiedlichen Buchhandlungen. Nur in einer Buchhandlung kennt man seinen Namen. In den übrigen Handlungen kennt man sein Gesicht, nicht aber Namen oder Anschrift. Deshalb wird er auch nicht über Neuerscheinungen informiert oder zu interessanten Lesungen eingeladen. Dabei wäre er durchaus interessiert, da er für Verwandte und Geschäftsfreunde ständig Geschenke beschaffen muss. Er verfügt auch über die finanziellen Mittel, Bücher zu kaufen. Hier werden reale Verkaufschancen nicht wahrgenommen.

Kunden sollten identifiziert werden – und hier gibt es unterschiedliche Möglichkeiten. Als Ort und Zeitpunkt kommen in Frage,

➤ wenn sich der beratende Verkäufer vom Kunden verabschiedet und/oder

➤ an der Kasse.

Dabei bieten sich Ihnen sowohl offene als auch verdeckte Möglichkeiten zur Identifizierung der Kunden.

1. **Offene Methoden (Beispiele):**

   ➤ *„Gern würden wir Sie in Zukunft über Neuerscheinungen informieren. Darf ich Sie deshalb um Ihren Namen und Ihre Anschrift bitten?"*

   ➤ *„Wir haben sehr oft bekannte Autoren zu Gast. Wären Sie daran interessiert, dass wir Sie zu Lesungen einladen? Dann wäre ich für Ihre Anschrift dankbar."*

   ➤ *Erweitert: „Darf ich fragen, ob Sie Kinder oder Enkel haben? Ich frage, weil wir gelegentlich auch interessante Lesungen und Hörbuchpräsentationen für Kinder und Jugendliche veranstalten." (Wenn ja, dann die Frage nach Namen und Anschrift.)*

   ➤ *Durch einen weiteren Mitarbeiter: „Ich habe hier noch ein kleines Geschenk für Sie – und bitte Sie um Ihre Hilfe. Wir machen gerade ein wenig Marktforschung und wollen ermitteln, wer eigentlich unsere Kunden sind. Sie wohnen hier in Wiesbaden? Darf ich Sie auch um Ihren Namen bitten?"*

2. **Verdeckte Methoden (Beispiele):**

   „Auf wen darf ich die Quittung ausstellen?" („... darf ich die Quittung ausstellen lassen?") Ergänzend: „Sie wohnen hier in Wiesbaden?" (Die Quittung kann aus steuerlichen Gründen erforderlich sein – oder wird bei Umtausch gebraucht.)

   Sie können sich auch die E-Mail-Adressen der Kunden geben lassen und diese nutzen, um regelmäßig Newsletter zu verschicken oder zu Online-Preisausschreiben einzuladen.

Was niemals fehlen darf: die Verabschiedung

In vielen Geschäftsbeziehungen und so auch in Buchhandlungen endet das Interesse am Kunden, wenn er bezahlt hat. Kunden haben dann häufig das Gefühl, dass sie mit der Zahlung ihre Schuldigkeit getan haben – und dass niemand annimmt, sie kämen irgendwann wieder. Tatsächlich kostet aber ein nettes Wort oder ein Lächeln nicht viel. Ein uraltes chinesisches Sprichwort lautet: „Wer nicht lächeln kann, sollte keinen Laden aufmachen!" Deshalb: Vermitteln Sie doch Kunden das Gefühl, dass Sie sich freuen, wenn sie wiederkommen. Menschen suchen Akzeptanz, die ihnen andere vielfach nicht gewähren. Darum gehen sie gern dorthin, wo sie Akzeptanz erfahren.

✏ Unbedingt erledigen

✏️ Unbedingt erledigen

3. Die Gestaltung des Umfelds

Machen Sie es Ihrem Kunden angenehm

Menschen warten stehend an Bushaltestellen, an Schaltern und vor geschlossenen Türen. Man kann stehend Würstchen essen oder Zeitung lesen. Die wenigsten Menschen aber beschäftigen sich stehend mit einem guten Buch. Doch meistens bleibt ihnen beim Kauf von Büchern in vielen Buchhandlungen keine andere Wahl.

Das Stehen während des Aussuchens verleitet zum oberflächlichen Durchblättern und verhindert vielfach eine intensive Beschäftigung mit dem Inhalt und eine Kontaktaufnahme mit den Mitarbeitern im Buchhandel. Unbewusst möchten potenzielle Kunden den Auswahlprozess möglichst schnell absolvieren, können sich aber in der Kürze der Zeit nicht entscheiden. Dies führt dann oft zum Entscheidungsaufschub: „Na ja, scheint interessant zu sein. Der Preis ist aber auch recht hoch. Ich werde mir das nochmals durch den Kopf gehen lassen."

Ob der Kunde wiederkommt und das Buch kauft, es vielleicht über eine andere Buchhandlung oder über das Internet bezieht oder überhaupt verzichtet, weiß er zu diesem Zeitpunkt selbst noch nicht.

Darum: Schaffen Sie doch ein für die Auswahl und die Entscheidung geeignetes, bequemes Umfeld. Ihre möglichen Kunden sollen sich wohlfühlen und Gelegenheit haben, sich in aller Ruhe intensiv mit den für sie interessanten Büchern zu beschäftigen. Dazu gehören bequeme Stühle und eine Tischplatte zum Ablegen. Ein Mitarbeiter der Buchhandlung kann sich für Minuten dazusetzen und die Kaufentscheidung durch ein kompetentes Gespräch fördern.

Dazu gehört auch, dass Kunden bei der Auswahl von ihren Kindern nicht abgelenkt und gestört werden. Empfehlung: Stellen Sie je nach Größe Ihrer Buchhandlung ein bis drei CD- oder DVD-Player auf, und legen Sie Hörbücher bereit. Die Kinder suchen sich dann etwas aus und hören über Kopfhörer. Mütter oder Väter können nun in aller Ruhe auswählen. Vielleicht kaufen sie dann auch noch die Hörbücher, damit die Kinder das Werk zu Ende hören können.

Lassen Sie das Schaufenster mit Schwerpunkten zum Blickfang werden

Schaufenster, die eine ungeordnete Angebotsvielfalt bieten, sprechen viele potenzielle Käufer an. Die Intensität aber, die als Vorstufe zur Kaufentscheidung erforderlich ist, kann wegen der Vielfalt der unterschiedlichen Appelle nicht entwickelt werden.

Deshalb: Dekorieren Sie drei Viertel Ihres Schaufenster wie bisher mit unterschiedlichen Angeboten. Etwa ein Viertel der Fläche sollten Sie aber einem Schwerpunktthema widmen, das temporär oder grundsätzlich besonders interessant ist. Das können beispielsweise Themen wie Betriebswirtschaft für kleine und mittlere Unternehmen sein oder auch religiöse und politische Themen wie Christentum und Islam – oder gesellschaftspolitische Themen wie die aktuelle Rentenentwicklung in der Bundesrepublik.

Wichtig bei diesen Schwerpunkten ist auch der Umfang des Angebots. Der mögliche Kunde muss erkennen, dass in Ihrer Buchhandlung ein breites, gut sortiertes Angebot zum Schwerpunktthema vorliegt.

Sie steigern den Aufmerksamkeitswert Ihres Schaufenster-Schwerpunktes durch Bewegung. Dies gilt vor allem dann, wenn gleichzeitig Emotionen angesprochen werden. Zum Beispiel wird der Schwerpunkt Reiseliteratur erheblich verstärkt, wenn auf einem Bildschirm am Ort des Schwerpunktes eine farbige Video-Aufzeichnung (Video oder DVD) vom Meer und den Stränden der Seychellen gezeigt wird. Für den Schwerpunkt Sportliteratur bieten sich beispielsweise Filmaufzeichnungen von den jeweils letzten Olympischen Spielen – oder auch von lokalen sportlichen Ereignissen an.

Für die Kategorie Kinderbücher sind sich selbst bewegende Spielzeugfiguren (Comic- oder Tierfiguren) hervorragend geeignet. Kinder entwickeln ungeahnte Kräfte, wenn es gilt, Erwachsene vor dem Schaufenster festzuhalten.

Generieren Sie Umsätze mit Zweitplatzierungen

Zweitplatzierungen gehören in Supermärkten und Verbrauchermärkten zu den wichtigsten Instrumenten, um den Abverkauf wirksam zu fördern. In diesen Geschäften gibt es Bereiche, die über die Zweitplatzierung mehr Umsatz tätigen als über den angestammten Regalplatz.

Für den Buchhandel gilt:

➤ Das Thema des Schaufensterschwerpunktes sollte sich mit der Zweitplatzierung fortsetzen, damit der mögliche Kunde sich nun mit den Veröffentlichungen beschäftigen kann, die ihn veranlassten, Ihre Buchhandlung zu betreten.

➤ Die Zweitplatzierung muss auf den ersten Blick erkennbar sein. Es empfiehlt sich, ein großes Querschild über dem Zusatztisch mit dem Thema der Woche (Schwerpunktthema) anzubringen.

➤ Mindestens ein Mitarbeiter sollte sich mit dem jeweiligen Schwerpunktthema intensiv beschäftigt haben, um qualifiziert beraten zu können.

✏️ Unbedingt erledigen

✎ Unbedingt erledigen

Für mehr Erfolg im Verkauf

So machen Sie aus Adressaten Kunden

Dieser Praxiskurs liefert Ihnen neue Ideen und kreative Impulse, wenn Sie Ihre „Text-Arbeit" optimieren und aus Adressaten Kunden machen wollen – anschaulich, praxisnah und Schritt für Schritt leicht umsetzbar. Neu in der 2. Auflage: Wie Sie Wortwelten im Kopfkino Ihrer Leser (er)schaffen und E-Mail-Marketing noch besser nutzen.

Aus dem Inhalt:
- Lesbarkeit, Verständlichkeit und Textstruktur
- Schreibblockaden überwinden, Informationen richtig strukturieren
- Was Texter wissen müssen: Satzlängen, Wortwahl, Satzzeichen
- Sieben Headline-Techniken und wie man sie einsetzt

Stefan Gottschling
Stark texten, mehr verkaufen
Kunden finden, Kunden binden mit Mailing, Web & Co.
2., erw. Aufl. 2006. 216 S. Br.
EUR 26,90
ISBN 3-409-21935-8

Änderungen vorbehalten. Stand: Juni 2006.

Gabler Verlag · Abraham-Lincoln-Str. 46 · 65189 Wiesbaden · www.gabler.de   **GABLER**

4. Sondermaßnahmen

Organisieren Sie Lesungen und Hörbuch-Präsentationen

Die Lesung durch einen Buchautor oder einen prominenten Schauspieler oder Sprecher ist ein Erlebnis der ganz besonderen Art. Dies gilt auch für Kinder, wenn die Stoffe dafür geeignet sind und die Lesung ansprechend inszeniert wird.

Lesungen, Hörbuchpräsentationen und auch Fachvorträge sind wirkungsvolle Maßnahmen, um einer Buchhandlung Öffentlichkeit zu verschaffen, und bieten vielfältigen Nutzen:

- Sie erhöhen den Umsatz durch Direktverkauf des in der Lesung behandelten Werkes.
- Sie erhöhen den Umsatz durch Verkauf von Werken, die nichts mit der Lesung zu tun haben.
- Sie stärken die fachliche Kompetenz des einladenden Buchhandels und führen deshalb zu Folgeumsätzen.
- Sie festigen den Kontakt zwischen den (möglichen) Kunden und dem einladenden Buchhandel. Dies führt zu einem Treueverhältnis und damit zu Folgekäufen.

Die erste Kontaktaufnahme kann, muss aber nicht über den Verlag erfolgen.

Für die Durchführung von Lesungen gibt es verschiedene Möglichkeiten: Es gibt eine Reihe von Gründen, die für die Durchführung in der Buchhandlung sprechen, weil die Interessenten dadurch an das Gesamtangebot herangeführt werden. Die Bindung an die Buchhandlung wird dadurch entscheidend verstärkt.

Sie können aber auch Mitveranstalter suchen und Lesungen in Bibliotheken oder Volkshochschulen abhalten. Falls Sie vor den Kosten der Raummiete zurückschrecken, könnten Sie ein angemessenes Eintrittsgeld verlangen. Das hält zwar möglicherweise einige Kunden vom Kommen ab, erhöht aber den „Wert" der Veranstaltung.

Wenn die Lesungen in öffentlichen Räumlichkeiten oder in Hotel-Tagungsräumen stattfinden sollen, ist eine umfangreiche Auslage von Büchern zu empfehlen, die zur Themenart der Lesung passen.

Ein Gästebuch ist sehr wertvoll, weil Sie durch die Eintragungen erfahren, wer an der Lesung teilnimmt. Dies ist wichtig für spätere Lesungen – und für Informationen über Neuerscheinungen. Auf diese Weise erhalten Sie relevante Informationen für Ihre Datenbank, die Sie später für Werbung, Direktmarketing und weitere Aktionen nutzen können.

Jede Lesung ist auch für den Verlag eine verkaufsfördernde Maßnahme. Die Verlage können Sie durch Bereitstellung von Plakaten, die Lieferung von Büchern mit Aktionsrabatt, Werbemaßnahmen und auch durch die Übernahme der Reise- und Übernachtungskosten des Autors unterstützen. Viele Verlage sind durchaus bereit, sich als Partner an Lesungen zu beteiligen und verfügen zum Teil über sehr umfangreiche Erfahrungen. Deshalb: Sprechen Sie die Verlage an!

Ihre Aufgabe als Buchhändler ist es, den Autor einzuladen, für Übernachtung und Bewirtung zu sorgen und ihn über den Ablauf der Veranstaltung zu informieren.

Für das Gelingen Ihrer Veranstaltung ist eine reibungslose Organisation, die in ein schlüssiges Kommunikationskonzept Ihrer Buchhandlung eingebettet sein muss, unabdingbare Voraussetzung. Deshalb in der nachstehenden Checkliste die wichtigsten organisatorischen Punkte, die Sie beachten sollten.

Checkliste Autorenlesung

Woran Sie bei Werbe- und PR-Maßnahmen denken sollten

- Stimmen Sie sämtliche Werbemittel (Plakate, Prospekte, Anzeigen o.ä.) aufeinander ab und legen Sie den Werbeetat fest.
- Erstellen Sie Flyer mit den Angaben zum Autor und zum Buch.
- Schreiben Sie Einladungen für Kunden und Presse.
- Bereiten Sie Presseartikel vor.
- Fordern Sie Plakate, Displays, Autorenfotos u.ä. beim Verlag an und ordern Sie Bücher zu Aktions-Bezugsbedingungen.
- Gestalten Sie Sonderfenster und präsentieren Sie Bücher in Ihren Geschäftsräumen.

Checkliste Autorenlesung

Achten Sie auf die Ausstattung des Raumes

- Machen Sie auf die Veranstaltung auch vor der Tür durch Aushang von Plakaten aufmerksam. Sie erhalten so die Chance, Spontanbesucher in Ihre Buchhandlung zu ziehen.

- Sorgen Sie für ausreichende Bestuhlung.

- Bereiten Sie einen Lesetisch für den Autor vor und überprüfen Sie die Beleuchtung.

- Machen Sie Zugang und (Not-)Ausgang deutlich kenntlich.

- Organisieren Sie Verkaufstische mit Standbetreuung, wenn Sie Ihre Veranstaltung in fremden Räumlichkeiten abhalten.

Was Sie bei der Durchführung der Lesung beachten sollten

- Tragen Sie dafür Sorge, dass der Autor abgeholt wird.

- Machen Sie den Autor mit wichtigen Personen aus Kultur oder Wirtschaft Ihrer Stadt und mit Pressevertretern bekannt und bieten Sie der Presse Gelegenheit, Interviews zu führen.

- Begrüßen Sie die eintreffenden Gäste.

- Halten Sie eine persönliche Begrüßungsrede mit einer kurzen Einführung des Autors.

> ***Checkliste Autorenlesung***
>
> - Sorgen Sie dafür, dass verspätet eintreffende Teilnehmer betreut werden und einen Platz zugewiesen bekommen.
> - Optional: Organisieren Sie Bewirtung, Umtrunk o.ä.
>
> **So sieht die Nachbereitung der Lesung aus**
>
> - Schicken Sie ein Dankesschreiben mit Fotos etc. an den Autor.
> - Leiten Sie Presseberichte an den Verlag weiter.
> - Führen Sie mit Mitarbeitern oder Mitgestaltern eine Manöverkritik durch. Was war gut, was soll beim nächsten Mal verbessert werden?
> - Legen Sie signierte Bücher des Autors mit Hinweis auf die Lesung im Laden an exponierter Stelle aus.

Lesungen für Kinder und Jugendliche

Kinder und Jugendliche sollten Sie als Zielgruppe nicht vernachlässigen. Jeder, der Kinder oder Enkel hat, weiß, dass er vermutlich mehr Geld für Kinder- und Jugendbücher ausgibt als für die Bücher, die ihn selbst interessieren. Der Grund ist einfach: Kinder wachsen und entwickeln sich. Ein Buch für einen fünfjährigen Jungen übt auf einen siebenjährigen kaum noch besonderen Reiz aus. Wir Erwachsenen hingegen haben uns im Lauf der Jahre die meisten Bücher gekauft, die uns interessieren. Es bleiben deshalb letztlich nur die Neuerscheinungen und Bücher, von deren Existenz wir bisher nichts wussten.

Auch bei Lesungen für Kinder und Jugendliche sollten Sie zielgruppenorientierte Bücher präsentieren. Sie werden staunen, mit welcher Energie und Ausdauer Kinder beispielsweise die sie begleitenden Erwachsenen „zwingen", ein Buch oder gleich mehrere zu kaufen.

Die Interessen von Kindern und Jugendlichen sind sehr vielseitig und ändern sich je nach Lebensalter. Ein neunjähriger Junge interessiert sich zum Beispiel brennend für Technik und Elektronik. Er will genau wissen, wie eine Alarmanlage, ein Roboter oder eine Funkfernsteuerung funktioniert. Sein zwölfjähriger Bruder hingegen interessiert sich für die Tierwelt, für Pflanzen und erdgeschichtliche Entwicklungen. Alarmanlagen oder Roboter lassen ihn völlig kalt.

Hieraus ergibt sich, dass die Präsentation von Büchern anlässlich einer Lesung für Kinder und Jugendliche thematisch sehr breit angelegt sein sollte.

Hörbuch-Präsentationen für Kinder und Jugendliche

Jüngere Kinder können noch nicht lesen oder haben gerade das Lesen gelernt. Im ersten und zweiten Schuljahr bedeutet das Lesen für sie noch erhebliche Anstrengung – und deshalb sind viele Kinder an Hörbüchern sehr interessiert. Jeder, der mit Kindern in Gemeinschaft lebt, weiß, welch hohen Stellenwert die „Gute-Nacht-Geschichte" hat.

Bei der Organisation von Hörbuch-Präsentationen für Kinder sind allerdings einige Details unbedingt zu beachten.

Was Sie bei Hörbuch-Präsentationen für Kinder beachten sollten

- Die dominierende Zielgruppe der Kinder bilden die Fünf- bis Neunjährigen. Diese Zielgruppe ist nur schwer ohne erhebliche Streuverluste zu erreichen. Als Medien bieten sich Anzeigen und Schaufensterschwerpunkte an.

- Kinder im Alter von fünf bis neun Jahren verfügen kaum über die Freiheit, sich für den Besuch einer Hörbuch-Präsentation zu entscheiden. Der Appell sollte deshalb auf die Erwachsenen ausgerichtet sein, die ständig oder vorübergehend für die Kinder verantwortlich sind.

- Auch Jugendliche sind durchaus an Hörbüchern interessiert. Sie können lesen, aber Zuhören ist bequemer. Allerdings werden sich Jugendliche kaum für Geschichten wie „Der kleine Wassermann" entscheiden. Sie bevorzugen meist „Harry Potter" oder „Der Herr der Ringe". Jugendliche Interessenten sind bereits durch Schaufenster-Schwerpunkte anzusprechen und einzuladen. Wenn sie über den Besuch einer Präsentation noch nicht selbst entscheiden dürfen, werden sie die Entscheidungsträger intensiv und ausdauernd bedrängen.

Hörbuch-Präsentationen für Erwachsene

Das Hörbuch ist nicht an bestimmte Altersgruppen gebunden. Viele Manager und Vertriebsmitarbeiter nutzen lange Autofahrten für Hörbücher mit literarisch anspruchsvollen Themen. Auch hier bieten sich Schaufenster und Tageszeitungen als Informations- und Einladungsmedien an.

Diese vielbeschäftigten Erwachsenen werden aber kaum die Zeit haben, an einer Hörbuch-Präsentation teilzunehmen. Diese Zielgruppe erreichen Sie mit Empfehlungen in Tageszeitungen, telefonisch, per E-Mail oder Fax. Machen Sie das Angebot, ihnen eine Liste der lieferbaren Hörbücher mit gewünschten Themen zur Verfügung zu stellen.

Auch viele Senioren interessieren sich durchaus für Hörbücher. Hierfür gibt es zwei Gründe:

1. Ältere Leute bewerten die sprachliche Interpretation gleichermaßen wie das literarische Werk. Wer sich zum Beispiel an Faust-Aufführungen erinnert, kann die Interpretation von Gustav Gründgens für unverzichtbar halten – und wer Ringelnatz hören will, kann vielleicht auf Heinz Reinke nicht verzichten.

2. Der zweite Grund ist körperlicher Art. Vielen älteren Leuten fällt das Lesen schwer. Die Augen wollen nicht mehr so recht, und die Konzentration auf die Leseaktivität schmälert das inhaltliche Erleben.

Empfehlungen für den Umgang mit Senioren:

- Wenn Sie Hörbücher älterer, sehr bekannter Werke präsentieren, achten Sie besonders auf die Interpreten.

- Die Werke, die Sie präsentieren, sollten zu Ihrer Zielgruppe passen. Beachten Sie dabei, dass gerade ältere Menschen verhältnismäßig viel lesen und sich auch für neue Autoren interessieren.

- Reichen Sie Wasser, Tee oder Kaffee. Ältere Leute möchten gern als Gäste behandelt werden – und im konservativen Wertesystem gehört eine kleine Bewirtung dazu.

Was Sie tun können, damit Ihre Werbebriefe „ankommen"

Unternehmen – und vielfach auch private Haushalte – werden heute mit Werbebriefen überschüttet. In den meisten Unternehmen haben die Poststellen und die Sekretariate Weisung, Werbebriefe nicht weiterzugeben. Deshalb landen sie in Papierkörben und erreichen die eigentlichen Entscheidungsträger nie.

Hier einige Hinweise, damit Ihre Briefe sich wohltuend in der Informationsflut abheben:

➤ Werbebriefe dürfen nicht als Werbebriefe erkennbar sein. Sie sollten aussehen wie ganz gewöhnliche Briefe, damit sie auch wie Briefe behandelt werden. Deshalb verwenden Sie Ihren Firmenbriefbogen und verzichten Sie auf bunte Werbedrucksachen.

➤ Sehr wichtig ist auch, dass Sie den Entscheidungsträger mit Namen anreden. Die Anrede „Sehr geehrte Damen und Herren" belegt, dass zwischen Ihnen und dem angeschriebenen Unternehmen bisher kein Kontakt besteht.

➤ Schreiben Sie kurze Briefe. Versuchen Sie, mit einem Umfang von 20 Zeilen (einschließlich der Absatz-Leerzeilen) auszukommen. Lange Briefe haben einen hohen Lesewiderstand und werden nur ungern gelesen.

➤ Schreiben Sie Ihre Werbebriefe mit der Assoziationsformel ISABA.

I = Ist-Zustand: Hier definieren Sie und sprechen den Mangel an, den der Empfänger ohne Ihr Angebot erleidet. Ergebnis: Der Empfänger wird sich des Mangels bewusst und entwickelt den Wunsch, diesen Mangel abzustellen.

S = Soll-Zustand: Hier formulieren Sie, was der Empfänger erreichen kann und will.

A = Angebot der Problemlösung: Die Differenz zwischen I und S ist das Problem. Für dieses Problem bieten Sie hier die Lösung.

B = Beweisführung: Hier beweisen Sie, dass Ihr Angebot tatsächlich den mangelhaften Ist-Zustand korrigiert – und den erstrebenswerten Soll-Zustand möglich macht.

A = Auslösung einer Handlung: Abschlussappell.

Mit dieser Assoziationsformel können Sie den Erfolg Ihrer Direct-Mailing-Aktionen vervielfachen.

➤ Schreiben Sie verständlich. Formulieren Sie Ihre Texte in einer einfachen, gepflegten Umgangssprache, die unserer Zeit entspricht, die Sympathie schafft und von Ihren (möglichen) Kunden verstanden wird. Unverständliche Werbebriefe sind sinnlos. Da schreibt zum Beispiel eine Versicherung an eine ältere Kundin: „... dass ein früher steuerlich geltend gemachtes Disagio nunmehr verlangt, das zurückerstattete Disagio unter Umständen steuerlich als Einnahme zu deklarieren".

➤ Verzichten Sie auf Schachtelsätze. Schachtelsätze bauen Lesewiderstand auf, denn sie verwirren den Empfänger und setzen damit die Wirkung des Briefes herab. Merkmal: Mehrere Nebensätze sind miteinander „verwoben". Viele Sätze enthalten mehr als 15 Wörter, viele Kommata, wenige Punkte.

➤ Formulieren Sie kurz und prägnant. Verzichten Sie auf überflüssiges Beiwerk. Beispiel: „Wir erlauben uns, anzufragen, ob Sie daran interessiert sind." Besser: „Sind Sie daran interessiert?"

➤ Missbrauch des Passivs: In Passivsätzen bleibt der „Täter" anonym. Es bleibt unklar, wer handelte, handelt oder handeln wird. Beispiel: „Für den Fall, dass Interesse besteht, müssten wir bis zum 25.3. informiert werden." Besser: „Sind Sie interessiert? Dann benachrichtigen Sie uns bitte bis zum 25.3.".

➤ „Hauptwörteritis" ist eine Krankheit vieler Briefe. Beispiele: „Wir können diesen Betrag in Anrechnung bringen." Oder: „Diesen Betrag können wir anrechnen." Caesar hat seinerzeit nicht an den römischen Senat geschrieben: „Nach erfolgter Ankunft und in Augenscheinnahme der Verhältnisse war mir die Erringung des Sieges möglich." Er schrieb (freie Übersetzung): „Ich kam, ich sah, ich siegte."

➤ Klemmkonstruktionen erhöhen den Lesewiderstand und schaffen Verwirrung. Artikel und Substantiv bilden eine Einheit. Deshalb sollten Artikel und Substantive höchstens durch beispielsweise zwei Adjektive voneinander getrennt werden. Wir sprechen von Klemmkonstruktionen, wenn mehr als zwei Wörter zwischen Artikel und Substantiv „eingeklemmt" werden. Beispiel: „**Das** Ihnen bereits im Anschluss an unsere Lesung vom 24. Februar vorgestellte besonders aktuelle und seinerzeit vergriffene **Werk** ist inzwischen ...". Empfehlung: Bilden Sie mehrere Haupt- und Nebensätze.

➤ Vorsicht mit Anlagen. Auf „In der Anlage erhalten Sie ..." oder „Als Anlage erhalten Sie ..." sollten Sie verzichten. Der Empfänger Ihres Briefes ist keine Anlage und befindet sich auch in keiner. Empfehlung: „Mit diesem Schreiben erhalten Sie ..." oder „Heute erhalten Sie ..." oder „Heute senden wir Ihnen ...".

Bedenken Sie jedoch, dass Werbebriefe verhältnismäßig kostspielig sind. Für relativ niedrigpreisige Produkte sind sie daher vermutlich weniger geeignet. Bei Groß- und Firmenkunden kann sich der Einsatz von individuell angepassten Werbebriefen aber durchaus lohnen.

Schaffen Sie Mehrumsatz durch eine „Filiale" im Internet

In den letzten Jahren haben sich die Kaufgewohnheiten entscheidend verändert. Immer mehr Menschen, insbesondere jüngere, kaufen gern im Internet. Maßgeblich für die Kaufentscheidung bei Büchern sind Fachbereiche, Themen, Autoren, Verlage und Preise. Diese kaufentscheidenden Informationen kann das Internet durchaus schnell und übersichtlich vermitteln.

> **Diese Voraussetzungen sollten Sie für den erfolgreichen Internet-Auftritt schaffen:**
>
> - Potenzielle Kunden müssen Sie finden können. Darum ist die Auswahl der erforderlichen Suchkriterien entscheidend für den Erfolg. Wir empfehlen die Wörter: Bücher, Buchhandlung, Fachbücher und Ihren Firmennamen.
>
> - Ein kurzer Slogan verstärkt in Verbindung mit einem einprägsamen Logo (Firmenzeichen) die Überzeugung und die Gedächtniswirkung. Ihr Internetauftritt sollte über einen hohen Apperzeptionswert verfügen.
>
> - Ihre Internet-Präsentation muss auch für Nicht-Computerfachleute einfach zu handhaben sein, zum Beispiel Seite 1 = Vorstellung der Buchhandlung, Firma, Logo und klar erkennbare Buttons zur Vorauswahl. Durch Anklicken der entsprechenden Buttons erscheint dann eine Seite mit den Unterrubriken. Erst auf den darauf folgenden Auswahlseiten werden dann einzelne Bücher vorgestellt. Zum Schluss sollte dann eine Seite für die Bestellungen und die Zahlungsweise installiert sein.

So simpel diese Empfehlungen auch sein mögen: Viele Internet-Auftritte werden von Computerexperten gestaltet, die vergessen haben, wie wenig Nichtfachleute vom Computereinsatz wissen. Deshalb sind ihre Programme oft nur für Fachleute verständlich.

Vielleicht aber geht es noch einfacher, und Sie können bestehende Shopsysteme wie etwa *www.buchhandel.de* nutzen oder Ihr Barsortiment direkt ansprechen.

Betreiben Sie Netzwerkakquisition

Die wenigsten Menschen leben einsam. Die meisten haben Familie, Freunde und/oder sind Mitglied in religiösen, kulturellen, politischen, kommerziellen, sportlichen oder anderen Gruppen. Man gehört dazu, kennt sich und vertraut sich. Dies sind viel versprechende Voraussetzungen für erfolgreiche Akquisition.

➤ Die Mitglieder dieser Gruppen können Sie
  - über Neuerscheinungen informieren,
  - auf bereits vorhandene Literatur hinweisen,
  - zu Lesungen einladen,
  - auf besondere Schwerpunkte aufmerksam machen,
  - zu Schwerpunkt-Präsentationen einladen.

➤ Über persönliche Kontakte können Sie Mitglieder dieser Gruppen an Ihre Buchhandlung binden.

➤ Die Mitgliedschaft in bestimmten Gruppen ist auch vorsätzlich anzustreben. Bei Wirtschaftstagungen oder Seminaren begegnet man immer wieder Menschen, die vorsätzlich die Mitgliedschaft in diesen Gruppen anstrebten, um erfolgreich zu akquirieren. Sie verlieren allerdings schnell an Glaubwürdigkeit, wenn die Gruppen erkennen, dass es ausschließlich um Akquisition geht. Darum: Ein tatsächliches Interesse am Kernthema einer Gruppe sollte schon gegeben sein.

➤ Die Akquisition über Beziehungen ist nicht allein Aufgabe der Geschäftsführung oder des Inhabers. Alle Mitarbeiter und Mitarbeiterinnen sind in die Netzwerkakquisition einzubinden. Es ist zweckmäßig, im Rahmen einer Besprechung festzustellen, wer über welche Beziehungen verfügt – und wer welche Beziehungen entwickeln kann.

Entwickeln Sie einen Informations-Service für Kunden

Wir haben für Sie einige Empfehlungen zur Kunden-Information zusammengestellt, weil Information ein wesentlicher Bestandteil des aktiven Verkaufs ist.

Information sollten Sie auf definierte Zielgruppen thematisch und zeitlich ausrichten. Diese Aktivität verlangt eine professionelle Organisation.

➤ Zunächst gilt es, die Identität der bereits vorhandenen Kunden zu ermitteln (siehe Seite 46f.). Dies sollte in der Buchhandlung zum „Standardritual" gehören.

➤ Dann sollten Sie festlegen, welche Zielgruppen Sie ansprechen wollen. Hier gilt es, die Kunden und möglichen Kunden nach Alter, Geschlecht, Bildungsstand, Kaufkraft und Interessen-Schwerpunkten zu definieren. Dabei ist es durchaus möglich, dass im Einzelfall bestimmte Kriterien bedeutungslos sind oder weitere Kriterien hinzukommen.

➤ Als Nächstes ist festzulegen, wann Sie die ermittelten Zielgruppen ansprechen möchten (bei Neuerscheinungen, Neuauflagen, zu bestimmten Jahreszeiten, anlässlich von Fest- und Feiertagen) und über welche Inhalte sie informiert werden sollen. Hierbei gilt es, nicht nur die Eröffnungsappelle festzulegen. Gleichermaßen wichtig sind auch die unterschiedlichen Nachfassaktionen.

➤ Nun gilt es, die Informationsmittel Brief, E-Mail-Newsletter (z. B. in Zusammenarbeit mit newBooks, *www.newbooks.de*), Telefon, Einladung oder Insertion festzulegen und detailliert zu entwickeln.

➤ Zum Schluss entscheiden Sie, wer in Ihrem Hause geeignet und willens ist, die Informationsaufgabe zu übernehmen. Zu dieser Delegation gehört selbstverständlich auch die regelmäßige innerbetriebliche Berichtsvorlage. Hierfür sollten Sie Termine festlegen.

Betreiben Sie das Firmenkundengeschäft aktiv

Das Firmenkundengeschäft unterscheidet sich vom Privatkundengeschäft ganz erheblich: Spontankäufe oder Käufe von Hobbyliteratur sind sehr selten. Zumeist ist der Buchkauf Teil einer Planungsvorbereitung oder Organisationsumstellung im Unternehmen.

Das beginnt mit dem mehr oder weniger heimlichen Kauf eines leitenden Mitarbeiters, der sich fachlich auf eine Besprechung vorbereiten will – und endet mit dem Kauf mehrerer (manchmal vieler) Exemplare des gleichen Werkes zur fachlichen Ausstattung von Mitarbeitern.

Überwiegend handelt es sich um betriebswirtschaftliche Themen. Marketingspezialisten brauchen unter Umständen aber auch Daten zu volkswirtschaftlichen Entwicklungen, zu modischen Trends, zu Ernährungsgewohnheiten, zur Sozial-, Wirtschafts- oder Gesundheitspolitik einzelner Staaten. Vertriebsleiter können auf Veröffentlichungen zur Vertriebsorganisation, zur Preisgestaltung und zu neuen verkaufspsychologischen Ansätzen nicht verzichten. Und nahezu alle Führungskräfte eines Unternehmens benötigen aktuelle Wirtschaftsstatistiken.

Für die Erfassung und Bearbeitung von Firmenkunden, die einzelne Bücher kaufen, gelten die Empfehlungen auf Seite 46f. Allerdings ist hier große Sorgfalt angebracht, weil einzelne Bücher die Budgets der Unternehmen kaum belasten. Hier geht es nicht um Preise, sondern um Information. Beim Ausstellen einer Quittung ist deshalb nicht nur die Firmierung aufzunehmen. Auch der Unternehmensbereich oder die Abteilung sind besonders wichtig. Wenn möglich, sollten Sie auch die Namen der Entscheidungsträger erfragen. Je mehr Informationen Sie erhalten, umso zuverlässiger können Sie über Telefon, Fax oder E-Mail informieren, anbieten und verkaufen.

Verkäuferisch besonders interessant sind aber die Buchkäufe, die Unternehmen zur Ausstattung ihrer Mitarbeiter tätigen. Hier lohnt sich auch die verkäuferische Aktivität besonders, weil es ja mit einem einzigen erfolgreichen Appell zum Verkauf mehrerer, oft auch vieler Bücher kommt.

Wenn ein Vertriebsleiter beispielsweise seine 35 Außendienstmitarbeiter (nationale Distribution) mit einem speziellen Buch ausstattet, kann er viel Geld für umfangreiche Verkaufsschulungen (Honorare, Reisekosten, Übernachtungsspesen, Akquisitionsausfall) sparen und dennoch die verkäuferische Qualifikation seiner Mitarbeiter entwickeln. In den auf die Verteilung der Bücher folgenden Sales Meetings kann der Vertriebsleiter durch Fragen und Diskussionen kontrollieren, ob seine Mitarbeiter den Lehrstoff tatsächlich bearbeitet und begriffen haben.

Der Vertriebsleiter kann aber nicht wissen, dass es das Buch „200 Tipps für Verkäufer im Außendienst" gibt. In die Buchhandlung kommt er nur selten. Und wenn er kommt, sucht er vielleicht ein Geburtstagsgeschenk für seine Frau. Deshalb sollten Sie das Buch aktiv anbieten. Hier bieten sich Direct-Mailing, Telefon, E-Mail oder Fax an.

Oft ist auch eine Kombination erfolgreich. Sie können zum Beispiel mit einem Werbebrief beginnen und dem Empfänger schreiben, dass Sie ihn in den nächsten Tagen anrufen werden. Wenn Sie dann anrufen und eine Sekretärin Sie „abblitzen" lassen will, dann erklären Sie: „Herr X erwartet meinen Anruf und es liegt auch bereits Korrespondenz vor." In den meisten Fällen erhöht sich damit Ihre Chance, verbunden zu werden.

Der Vertriebsleiter bestellt vermutlich zunächst nur ein Exemplar. Er will wissen, ob das Buch für seine Mitarbeiter geeignet ist. Dann können Sie anbieten, in einem persönlichen Gespräch alles zu besprechen. Im Direktgespräch können Sie ihm in die Augen schauen, seine Wünsche schnell erkennen und zielgerichtet argumentieren.

Nutzen Sie die Hinweise auf Zielgruppen in den Verlagsvorschauen. Hier können Sie häufig Umsatzpotenziale sofort erkennen. Nutzen Sie beispielsweise das Branchenbuch von Klicktel (*www.klicktel.de*), um sämtliche Versicherungsagenturen in Ihrem Umkreis zu erhalten.

✎ Unbedingt erledigen

✎ Unbedingt erledigen

Für mehr Erfolg im Verkauf

Das kompakte Know-how für mehr Erfolg im Außendienst

Jan C. Friedemann liefert 200 handfeste Tipps aus den Bereichen Verkaufspsychologie, Rhetorik und Organisation, die Sie in Ihrer alltäglichen Verkaufspraxis einsetzen können. Ein Buch, das für „gestandene Praktiker" ebenso wertvoll ist wie für junge Verkaufsmitarbeiter.

Aus dem Inhalt:
- Besuchsvorbereitung
- Aufbau des Überzeugungsprozesses
- Einwände und ihre Behandlung
- Die leidige Preisdiskussion
- Abschlusstechnik
- Besuchsbericht
- Netz- und Konzernakquisition
- Messearbeit

Jan C. Friedemann
200 Tipps für Verkäufer im Außendienst
Selbstorganisation –
Akquisitionsstrategien –
Verkaufsgesprächstechnik
2005. 188 S. Br.
EUR 29,90
ISBN 3-409-14332-7

Änderungen vorbehalten. Stand: Juni 2006.

Gabler Verlag · Abraham-Lincoln-Str. 46 · 65189 Wiesbaden · www.gabler.de

5. Zum Schluss ...

Liebe Buchhändlerinnen,
liebe Buchhändler,

ja, das war es erstmal zum Thema: **Aktiv verkaufen im Buchhandel.**

Vielleicht haben Sie an der einen oder anderen Stelle geschmunzelt, sich wiederentdeckt und bemerkt, so schwer ist es eigentlich gar nicht, aktiv zu verkaufen. Sie müssen letztlich nicht viel mehr tun, als die Dinge beherzigen, die auch Sie als Kunde sich wünschen, die Sie als Kunde stören, die Ihnen als Kunde auffallen.

In Ihrer Buchhandlung, in Ihrem Tätigkeitsfeld, haben Sie dies alles selbst in der Hand. Sie können sofort durchstarten.

Nutzen Sie Ihre Chancen, verblüffen Sie Ihre Kunden mit guter Laune, einem Lächeln – und machen Sie diese damit zu Stammkunden, die nicht nur gerne wiederkommen, sondern Sie auch weiterempfehlen ... diesmal ein gutes Schneeballsystem.

In diesem Sinn freuen wir uns natürlich auch über Ihre Reaktionen zu diesem Büchlein. Möglicherweise sind Ihnen bei der Lektüre aber auch Dinge aufgefallen, die wir bei einer Neuauflage verbessern können. – Lassen Sie uns wissen, welche Themen Ihnen noch „unter den Nägeln brennen", eventuell können wir hier einen Fortsetzungsband realisieren.

Wir sind natürlich sehr gespannt, welche Erfahrungen Sie machen, und freuen uns auf Ihre Reaktionen.

Schreiben Sie mir oder rufen Sie mich an!

Gabriel Göttlinger

GWV Fachverlage GmbH
Abraham-Lincoln-Straße 46 | 65189 Wiesbaden
Telefon +49(0)611.7878-123
Fax +49(0)611.7878-123
eMail: gabriel.goettlinger@gwv-fachverlage.de

Unbedingt erledigen

✎ Unbedingt erledigen

In eigener Sache

Wichtige Anschriften und Internet-Adressen (Auswahl)

Auf den Websites der Verbände finden Sie weiterführende branchenrelevante Links.

Börsenverein des Deutschen Buchhandels e.V.
Großer Hirschgraben 17-21
60311 Frankfurt am Main
Tel.: +49(0)69.1306-0
Fax: +49(0)69.1306-201
www.boersenverein.de

Hauptverband des Österreichischen Buchhandels
Grünangergasse 4
1010 Wien
Tel.: +43(0)1.512-1535
Fax: +43(0)1.512-8482
www.buecher.at

Schweizer Buchhändler- und Verleger-Verband SBVV
Alderstrasse 40
Postfach
8034 Zürich
Tel.: +41(0)44.421-3600
Fax: +41(0)44.421-3618
www.swissbooks.ch

Die Branchenblätter:

Anzeiger. Das Magazin für die Österreichische Buchbranche → *www.buecher.at*
Börsenblatt für den Deutschen Buchhandel
→ *www.boersenblatt.net*
Buchmarkt → *www.buchmarkt.de*
Buchreport → *www.buchreport.de*
Schweizer Buchhandel → *www.schweizer-buchhandel.ch*

Internet-Antiquariate und „Gebrauchtbuchanbieter":

www.abebooks.de
www.amazon.de
www.book-looker.de
www.findmybook.de
www.ebay.de
www.jokers.de
www.zvab.com

Die großen Internet-Buchhändler:

www.amazon.de
www.booxtra.de
www.buch.de
www.buchhandel.de
www.buchkatalog.de
www.buecher.de
www.libri.de

Interessant sind auch:

www.buchticket.de
www.ddb.de
www.literature.de
www.perlentaucher.de
www.buchmesse.de
www.klicktel.de

Fachbuchkataloge mit „Blick ins Buch":

www.deutschesfachbuch.de
www.newbooks.de

Was Ihnen und uns die Zusammenarbeit erleichtert

Partnerbuchhandlung

Sie können auf der Verlagshomepage unter dem Menuepunkt „Service + Kontakt" „Service für Buchhändler" Ihre Buchhandlung eintragen, Ihren bestehenden Eintrag aktualisieren oder einfach den bestehenden Datenbestand anzeigen lassen.

Remissionsbedingungen

Für die geordnete Abwicklung Ihrer Remissionswünsche möchten wir Sie auf folgende verbindliche Regelungen aufmerksam machen:
Es gibt grundsätzlich kein „generelles RR". Für Remissionen ist eine schriftliche Genehmigung vom Vertreter oder vom Verlag erforderlich. Nicht genehmigte Remissionen werden mit 15 Prozent des Ladenpreises gutgeschrieben. Rücksendungen sind grundsätzlich frei Haus an die Remittendenstelle der VVA, Warenannahme 500, Henkenstr. 59-65, 33415 Verl, zu schicken.

Remissionen aus Festbezug

Bedürfen der vorherigen schriftlichen Anfrage beim Verlag/Außendienst unter Angabe der Bezugsdaten (Rechnungsdatum und -nummer) sowie der Genehmigung durch den Verlag/Außendienst. Die Genehmigung muss der Rücksendung beigefügt sein. Die Gutschrift erfolgt unter Abzug von zehn Prozent Bearbeitungsgebühr.

Remissionen aus RR-Bezügen

Bedürfen keiner vorherigen schriftlichen Anfrage. Die Fristen sind bei RR-Bezügen sechs Monate ab Rechnungsdatum. Bei Angabe der Bezugsdaten (Rechnungsdatum und -nummer) erfolgt die Gutschrift zum Bezugswert, ansonsten mit zehn Prozent Bearbeitungsgebühr.

Remissionen aus Standing-Order-Bezügen

Bedürfen keiner vorherigen schriftlichen Anfrage. Die Fristen sind bei STO-Bezügen 18 Monate ab Rechnungsdatum. Bei Angabe der Bezugsdaten (Rechnungsdatum und -nummer) erfolgt die Gutschrift zum Bezugswert.

Generell

Die Remittenden müssen sich in einem einwandfreien Zustand befinden; Exemplare mit Gebrauchsspuren oder Beschädigungen können nicht oder nur noch mit zehn Prozent gutgeschrieben werden.

Vereinfachte Remission von Defektexemplaren

Defektexemplare müssen nicht komplett remittiert werden. Wir ersetzen diese durch Umtausch (solange lieferbar). Eine Gutschrift erfolgt nur, wenn der Titel vergriffen ist.

Mängel sind z.B. fehlerhafter Druck, fehlende oder doppelte Seiten, fehlerhafter Beschnitt, schlechte Bindung.

Wir sind nicht ersatzpflichtig für Schäden, die auf dem Transportweg oder in der Buchhandlung entstanden sind. Wenden Sie sich hier bitte direkt an den Frachtführer oder Ihre Versicherung.

Bitte beachten Sie: Die vereinfachte Remission von Defektexemplaren gilt bis zu einem Ladenpreis von 50,00 Euro. Wir benötigen Titelblatt oder Defektbogen; bei Taschenbüchern Umschlag und Titelei.

Neuauflagen

Die Vorauflage kann bis sechs Wochen nach Erscheinen der Neuauflage zum Umtausch remittiert werden.

Preisbindung

Unsere Verlagsprodukte sind preisgebunden.

Mit Erscheinen der Neuauflage erlischt automatisch die Preisbindung der Vorauflage.

Alle Titel sind aktuell im VLB gemeldet.

Unsere Auslieferungen

Deutschland, Österreich und der Rest der Welt:
VVA – Vereinigte Verlagsauslieferung
An der Autobahn
33310 Gütersloh
Tel.: +49(0)5241.80-0
Fax: +49(0)5241.46970

Schweiz:
Engros-Buchhandlung Dessauer
Räffelstrasse 32
CH-8036 Zürich
Tel.: +41(0)44.4669-666
Fax: +41(0)44.4669-669

Approbierte Schulbücher in Österreich:
Medienlogistik Pichler ÖBZ
IZ-NÖ Süd, Straße 1, Objekt 34
Kundenservice
Eva-Maria Prinz
A-2355 Wiener Neudorf
Tel.: +43(0)2236.63535-245
Fax: +43(0)2236.63535-271

Direkte Kundenbestellung

Sie haben Kunden, die direkt beliefert werden wollen? Kein Problem: Bieten Sie ihnen diesen Service mit unserer Hilfe an. Natürlich rechnen Sie direkt mit Ihrem Kunden ab, wir halten uns da nur an Sie. Fragen Sie einfach nach dem Gebührenverzeichnis für Direktbelieferung bei unserer Kundenbetreuung bei VVA.

Orte A – D
Barbara Netenjakob-Justus
Tel. +49(0)5241.80-5870

Orte E – H
Christel Fechtelkord
Tel. +49(0)5241.80-89076

Orte I – N
Daniela Hoppe
Tel. +49(0)5241.80-5718

Orte O – Z
Karin Salfert
Tel. +49(0)5241.80-40282

Fax: +49(0)5241.46970

Schnellschiene

Wenn Sie einmal ganz dringende Bestellungen haben, brauchen Sie nur bis spätestens 12 Uhr mittags anzurufen. Zusammen mit den Hinweisen „Schnellschiene" und „beschleunigter Versandweg" sorgen wir dann dafür, dass der für Sie zuständige Frachtführer die Ware noch am selben Tag erhält.

Wir empfehlen die Post. Für Sie bedeutet das: Zustellung innerhalb von 24 bis 48 Stunden.

Bestellung per Terminal

Terminal/DFÜ ist mittlerweile Standard für schnelle, sichere und zuverlässige Bestellungen. Bis zu drei Tage Zeitersparnis, keine Gebühren für die Übermittlung und zwei Bestellmöglichkeiten: Entweder per ISBN oder per Reihenkürzel (siehe Tabellenteil). Auch bei der Terminal-Bestellung können Sie individuelle Vorgaben pro Bestellung vornehmen (z.B. Versandweg). Und Bestellzeichen sind sowohl titel- als auch auftragsbezogen möglich. Falls Sie Fragen zur DFÜ-Bestellung haben, rufen Sie uns einfach an.

IBU: Bestellungen, die Sie bis 18.00 Uhr bei der IBU platzieren, gelangen in jedem Fall noch in die Nachtbearbeitung.

LIBRI*: Bestellungen, die bis 17.00 Uhr bei der Libri-Bestellanstalt eingehen, erreichen die VVA noch am gleichen Abend.

KNV*: Der Clearing-Schluss liegt kurz vor 18.00 Uhr.

* Ihre individuellen Abruftermine/Übertragungszeiten sind hier natürlich ausschlaggebend für die taggleiche Bearbeitung.

Kurzporträts unserer Verlage

Die GWV Fachverlage mit Sitz in Wiesbaden gehören zum Bereich B2B Business, Technology & Transport der Fachverlagsgruppe Springer Science + Business Media. Die geballte Kompetenz in Sachen Wirtschaft, Technik und Sozialwissenschaften mit der Vielfalt an medialen Angeboten ist einzigartig. Ob Bücher, Zeitschriften, Wirtschaftsdienste, Seminare, Fachmessen, Konferenzen oder Online-Dienste – der Kunde findet hier maßgeschneiderte und innovative Lösungen in der von ihm bevorzugten medialen Form. Hinter diesen Angeboten stehen starke Verlagsmarken mit ihren Produkten.

DUV Verlag –
Ihr Weg in die Wissenschaft

Der Deutsche Universitäts-Verlag wurde 1968 gegründet. Wer in den Wissenschaften Karriere machen will, veröffentlicht im DUV. In enger Kooperation mit Gabler erscheinen die herausragenden wirtschaftswissenschaftlichen Monografien des Fachs. Mit dem VS Verlag für Sozialwissenschaften, Vieweg, Teubner und Springer wurde das Programm in den letzten Jahren um sozial- und geisteswissenschaftliche sowie um technische Themen erweitert. Jährlich erscheinen zirka 400 Neuerscheinungen aus den Bereichen Wirtschaftswissenschaft, Informatik/Wirtschaftsinformatik, Sozialwissenschaft, Literaturwissenschaft, Sprachwissenschaft, Kognitionswissenschaft und Psychologie.

Gabler Verlag – Kompetenz in Sachen Wirtschaft

Der 1929 gegründete Gabler Verlag ist einer der führenden deutschen Wirtschaftsverlage. Ob Auszubildender, Student, Verkäufer, Sekretärin oder Manager – zu den Themen Wirtschaft, Management und Finanzdienstleistungen findet der Kunde bei Gabler konkreten Nutzen und verlässliche Lösungen. Dabei kann er wählen zwischen Fachbüchern, Fachzeitschriften, Seminaren und Fachtagungen, Online-Angeboten und Lexika. Das Gabler Wirtschaftslexikon, inzwischen in der 16. Auflage, ist ein Klassiker der Wirtschaftsliteratur.

Das Portal „Business Guide" ist die Online-Plattform für die Praktikerzeitschriften von Gabler.

B.G. Teubner Verlag – Teuber Lehrbücher, einfach clever

Seit seiner Gründung im Jahr 1811 ist der B.G. Teubner Verlag ein Fachverlag für Lehre, Wissenschaft und Praxis mit den Themen Bauwesen, Technik, Mathematik, Naturwissenschaften und Informatik. Hochschulstudenten schätzen die didaktisch hervorragend aufbereiteten Studien- und Lehrbücher, Mathematiker die Fachzeitschriften „Journal für Mathematik-Didaktik" und „Jahresbericht der Deutschen Mathematiker-Vereinigung", Praktiker Standardwerke wie „Wendehorst, Bautechnische Zahlentafeln", kurz „Der Wendehorst" genannt.

Vieweg Verlag – Vorsprung in Sachen Technik

Der Vieweg Verlag verbindet Tradition und Modernität auf einmalige Art. Seit der Gründung im Jahr 1786 publizierten mehr als 30 Nobelpreisträger bei Vieweg, darunter Albert Einstein und Max Planck. Heute ist der Verlag ein modernes Medienhaus mit den Schwerpunkten Technik, Mathematik, Bauwesen und IT.

Studenten, Wissenschaftler und Praktiker profitieren von den exzellenten Fachbüchern, Fachzeitschriften, Fachtagungen, Konferenzen, digitalen Medien und Online-Angeboten. Automobil-Ingenieure finden bei *www.all4engineers.de* ihre Community.

VS Verlag für Sozialwissenschaften – Wissen entscheidet

Der VS Verlag für Sozialwissenschaften ist mit rund 400 Neuerscheinungen pro Jahr der führende sozialwissenschaftliche Verlag im deutschsprachigen Raum. Das Buchprogramm umfasst die Fachgebiete Soziologie, Politikwissenschaft, Kommunikationswissenschaft, Erziehungswissenschaft und Soziale Arbeit. Zum Verlagsprogramm gehört außerdem eine ganze Reihe von renommierten wissenschaftlichen Zeitschriften wie die „Kölner Zeitschrift für Soziologie und Sozialpsychologie", „Zeitschrift für Politikwissenschaft", „Publizistik", „Zeitschrift für Erziehungswissenschaft" und „Sozial-Extra".

Der VS Verlag für Sozialwissenschaften ist entstanden aus dem Zusammenschluss der beiden traditionsreichen sozialwissenschaftlichen Verlage Westdeutscher Verlag (gegründet 1947) und Leske + Buderich (gegründet 1974).

So erreichen Sie uns

GWV Fachverlage GmbH
Abraham-Lincoln-Straße 46
65189 Wiesbaden

Telefon: +49(0)611.7878-0
Telefax: +49(0)611.7878-420

http://www.duv.de
http://www.gabler.de
http://www.gwv-fachverlage.de
http://www.teubner.de
http://www.vieweg.de
http://www.vs-verlag.de

Der Autor

Jan C. Friedemann ist Verkaufsprofi. Sehr früh schon interessierte er sich für die psychosoziologischen Motive in der Kaufentscheidung und für die Strukturen des Überzeugungsprozesses. Die Praxis des Marketings und der Vertriebsarbeit erwarb er in einem bedeutenden Großunternehmen im Rheinland. Seine Kenntnisse vom Beratungsverkauf und sein Wissen um Merchandizing vertiefte er im Außendienst eines internationalen Food-Konzerns. Seine letzte Angestellten-Position war die des Marketingsleiters in einem größeren mittelständischen Unternehmen.

Seit 1967 ist er selbstständig als Unternehmensberater und Verkaufstrainer tätig. 1972 beauftragte ihn das Bundeswirtschaftsministerium über das RKW mit der Entwicklung des Bundesfachseminars Verkaufsleiter, einer anerkannten Bildungseinrichtung für Führungskräfte im Vertrieb. Dieses dreiwöchige Management-Seminar leitete er erfolgreich über 20 Jahre.

1984 gründete er die Friedemann & Partner GmbH, Gesellschaft für marktorientierte Unternehmensführung. Damit schuf er den Rahmen, um mit qualifizierten Kollegen im Team zu arbeiten. Die so erhöhte Leistungskapazität führte zur Übernahme der gesamten verkäuferischen Personalentwicklung mehrerer großer, internationaler Finanzdienstleister und bekannter wissenschaftlich-technischer Gerätehersteller.

Das Thema seines 2005 bei Gabler erschienenen Buches „200 Tipps für Verkäufer im Außendienst" hat er im Lauf der Jahre in über 500 betriebsinternen und öffentlichen Seminaren behandelt.

Kontakt:

Jan C. Friedemann
Eiderkamp 20
24582 Bordesholm

E-Mail: friedemann.partner@t-online.de